МАТРИЦА ДОЛИ РОСТА BCG

Ключ к управлению портфелем

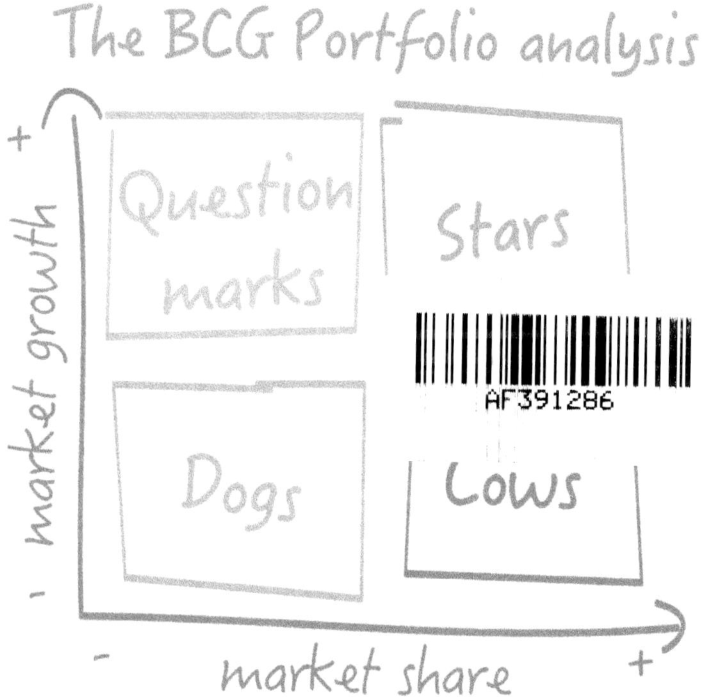

МАТРИЦА ДОЛИ РОСТА BCG

Ключ к управлению портфелем

написанный Thomas del Marmol
в переводе Nastia Abramov

МАТРИЦА ДОЛИ РОСТА BCG: ТЕОРИЯ И ПРИМЕНЕНИЕ

КЛЮЧЕВАЯ ИНФОРМАЦИЯ

- **Имена:** BCG growth-share matrix, BCG-matrix, Product Portfolio Matrix, Бостонская матрица, анализ Бостонской консалтинговой группы, диаграмма портфеля. Название матрицы происходит от Бостонской консалтинговой группы, международной компании по стратегическому консультированию, которая разработала концепцию матрицы.

- **Применение:** В основном используется менеджерами, которые хотят наблюдать за относительной важностью видов деятельности в своем портфеле. Он дает рекомендации для портфеля, поощряя инвестирование, поддержание или удаление видов деятельности.

- **Почему она успешна?** При использовании в правильных условиях он позволяет менеджерам больше узнать о своей деятельности и принять наилучшие решения относительно распределения ресурсов и навыков.

- **Ключевые слова:** SBU, стратегический инструмент, относительная доля рынка, темпы роста рынка, звезды, дойные коровы, вопросительные знаки, собаки, лидер, последователь, самофинансирование, эффект масштаба, цикл зрелости рынка, матрица GE, портфельная матрица Ashridge.

ВВЕДЕНИЕ

В настоящее время широко признана необходимость для менеджеров иметь портфель разнообразных видов деятельности и уметь управлять всеми своими делами как можно более эффективно. Действительно, любой, кто хоть на мгновение отвлечется от развития своего бизнес-портфеля, будет быстро наказан за свою халатность. Однако управлять этой деятельностью нелегко, и многие компании, считавшие себя непобедимыми, потерпели крах в результате плохого анализа рынка или переоценки своих сил.

Матрицы управления портфелем появились, чтобы помочь этим менеджерам, позволяя им лучше понять влияние их различных SBU (стратегических бизнес-единиц).

 ПОЛЕЗНО ЗНАТЬ: СБУ

SBU – это подразделение компании, которому руководитель может принять решение о выделении или изъятии ресурсов. Разделение компании на SBU отвечает организационным потребностям и обеспечивает лучший обзор различных отделов компании. Каждая SBU может управляться автономно и независимо, в зависимости от решений компании.

История

Компания Boston Consulting Group была основана Брюсом Д. Хендерсоном (1915-1992) в 1963 году и быстро превратилась в одну из крупнейших в мире компаний по стратегическому консалтингу, имеющую более 80 офисов почти в 50 странах мира. BCG работает с компаниями из самых разных отраслей, включая энергетику, здравоохранение, автомобилестроение и телекоммуникации. Одним из главных нововведений компании является создание матрицы "доля роста" BCG.

Матрица доли роста BCG была разработана в 1960-х годах и позволяет пользователям определить относительную долю рынка того или иного вида деятельности, а также оценить связанный с ним рост рынка. В конкретном выражении это означает, что матрица позволяет менеджерам выбирать виды деятельности, приносящие прибыль или имеющие высокий потенциал, виды деятельности, находящиеся на спаде, и виды деятельности с высоким риском краха.

Матрица доли роста BCG появилась в то время, когда понимание рыночных механизмов имело огромное значение. В это время процесс принятия решений был центральным для многих вопросов в финансовом сообществе. Поэтому контекст был благоприятным для разработки и использования матрицы, которая предлагала ряд инструментов, облегчающих менеджерам принятие решений о распределении ресурсов. Как следствие, она была очень хорошо воспринята и быстро взята на вооружение лидерами бизнеса.

Определение модели

Матрица доли роста BCG предписывает пользователю разделить различные SBU на основе их ожидаемого роста и относительной доли рынка. Таким образом, она основана на двух осях и разделяет SBU на четыре категории: звезды, дойные коровы, вопросительные знаки и собаки. Благодаря этой модели менеджеры могут сделать наилучший выбор при распределении ресурсов между различными SBU. Матрица также позволяет им получить лучший обзор бизнеса и определить, какие направления стратегической деятельности следует продвигать, а какие следует исключить.

ТЕОРИЯ

КОНТЕКСТ И КОНЦЕПЦИЯ

Матрица доли роста BCG – один из наиболее широко используемых менеджерами инструментов управления портфелем. Она является частью более крупной коллекции матриц распределения ресурсов, включая матрицы McKinsey и Ashridge. Основная цель этих моделей – облегчить процесс принятия решений менеджерами, особенно когда речь идет о распределении ограниченных ресурсов (денежных, материальных или интеллектуальных) между различными SBU. Другими словами, они стремятся создать последовательный план внутреннего распределения ресурсов между СБЕ на основе их привлекательности (которая связана с получением прибыли, потенциалом развития и т.д.), а также возможностей для синергии между СБЕ. Все они имеют две оси: первая связана с особенностями рынка, а вторая – с сильными сторонами компании.

Матрица доли роста BCG позволяет нанести различные стратегические бизнес-единицы компании на график с двумя осями:

- Вертикальная ось соответствует темпам роста рынка, что означает потенциал развития рынка в ближайшие годы. Принято считать, что растущий рынок характеризуется увеличением объема продаж примерно на 5%.

- Горизонтальная ось представляет собой относительную долю рынка СБЕ. Для расчета относительной доли рынка обычно используется соотношение: относительная доля SBU к доле рынка главного конкурента.

  - Например, если у меня 15% доли рынка, а у моего конкурента 10%, то моя относительная доля рынка будет равна 1,5, так как $\frac{15\%}{10\%}$ генерирует этот результат.

Относительная доля рынка считается сильной, если ее значение больше 1,25.

 ХОРОШО ЗНАТЬ: ЛИДЕР ИЛИ ПОСЛЕДОВАТЕЛЬ?

Для предприятия быть "лидером" означает занимать доминирующее положение для продукта на данном рынке и быть признанным коллегами как "top-of-mind" (первая компания, которая приходит на ум) в своей категории. И наоборот, "последователь" имеет лишь небольшую долю рынка и поэтому вынужден идти в ногу с конкурентами, если хочет выжить на рынке (Lambin and Moerloose, 2008).

Следствия из этой модели позволяют пользователям понять различные моменты, которые необходимо учитывать перед определением приоритетности тех или иных видов деятельности. Действительно, хотя диаграмма ясно показывает, что растущий рынок в сочетании со значительной долей рынка чрезвычайно привлекателен для менеджеров, не всегда легко понять, как поступать с деятельностью, представляющей значительную долю рынка на стагнирующих или падающих рынках. Проблема SBU с низкой долей рынка на экспоненциально растущих рынках также вызывает много вопросов. Благодаря вышеупомянутой информации мы можем разделить диаграмму на четыре квадранта, чтобы выделить различные типы СБЕ и их денежные потоки. Денежный поток рассчитывается по балансу текущего финансового года (общая сумма амортизации и резервов + чистая прибыль после уплаты налогов и до потенциального перераспределения прибыли) и указывает на финансовую автономию компании.

- **Звезды** представляют сферы бизнеса с большой относительной долей рынка на растущем рынке. Можно предположить, что виды деятельности в этом квадранте часто являются лидерами рынка и требуют значительных и постоянных инвестиций для поддержания своего роста, противостоя давления со стороны конкурентов. Тем не менее, результаты с лихвой окупят эти инвестиции, поскольку эти виды деятельности приносят значительную прибыль менеджеру.

- **Собаки**, которых иногда называют домашними животными, расположены в правом нижнем квадранте. Они представляют СБЕ, расположенные на низкорастущем рынке с низкой относительной долей рынка. Это часто упадочные виды деятельности, которые конкурируют на рынках, где доминируют определенные конкуренты (конкурентное преимущество). Эти "стареющие" виды деятельности могут потребовать крупных инвестиций, но в итоге не принести практически никаких результатов. Вот почему обычно рекомендуется отказаться от этих видов деятельности: их продолжение может нанести вред бизнесу.

- **Дойные коровы** представляют собой виды деятельности с достаточно высокой долей рынка в сокращающихся секторах. Эти виды деятельности часто занимают доминирующее положение над своими конкурентами на зрелом рынке и поэтому требуют лишь ограниченных инвестиций. Действительно, состояние рынка, скорее всего, не приведет к появлению новых участников и не будет мотивировать существующих конкурентов вытеснять уже существующих. Эффект опыта, в частности, благодаря ресурсам, ключевым компетенциям и экономии на масштабе, позволяет компании получать более высокую прибыль, чем ее конкуренты. Целью этих видов деятельности является уже не развитие, а "доение" полученной прибыли. Поэтому они часто обеспечивают значительный приток финансовых средств и позволяют инвестировать, особенно в "звезды" и "знаки вопроса".

 ПОЛЕЗНО ЗНАТЬ: ЭФФЕКТ ОПЫТА

Эффект опыта наблюдается, когда производится больше продукции (эффект масштаба), когда процесс становится более систематизированным (стандартизация) или когда опыт становится все более сильным (эффект обучения). Следовательно, стоимость единицы продукции снижается (Lendrevie and Lévy, 2013).

- **Вопросительные знаки**, также известные как проблемные дети, включают виды деятельности, которые имеют относительно низкую долю на растущих рынках. Как следует из названия, эти виды деятельности представляют собой настоящую проблему для менеджеров. Однако эти SBU также представляют собой отличную возможность для будущих прибылей, при условии, что на ранних этапах будут инвестированы крупные суммы. Если деятельность осуществляется на быстрорастущем рынке, все еще можно догнать лидера, постепенно отвоевывая долю рынка благодаря инвестициям. Сложность задачи заключается в выборе СБУ, обладающего достаточным потенциалом, чтобы претендовать на лидирующую позицию на рынке и стать звездой в будущем. Если ожидаемые инвестиции не будут получены или будут слишком малы, деятельность может превратиться в собаку, когда рынок достигнет зрелости. Поэтому вопросительным знакам следует уделять особое внимание. Рекомендуется иметь их несколько, поскольку не все из них станут звездами, но выбирать их следует тщательно.

ПРЕИМУЩЕСТВА ИСПОЛЬЗОВАНИЯ МАТРИЦЫ ДОЛИ РОСТА BCG

Матрица доли роста BCG позволяет руководителям получить четкое долгосрочное видение различных SBU. Она позволяет позиционировать бизнес-направления, наблюдать за их местом в матрице и лучше управлять распределением ресурсов. Используя ее, руководители могут определить будущее SBU в наилучших условиях: они узнают, какие из них следует удалить, а в какие инвестировать.

Матрица также позволяет пользователям понять различные потребности для развития определенных видов деятельности. Она требует от руководителя подумать о рынке и провести внутренний анализ SBU, чтобы определить потенциал их роста. Таким образом, руководство может сделать оценку необходимых инвестиций.

Наконец, матрица доли роста BCG служит напоминанием о том, что прибыль некоторых SBU должна быть направлена на деятельность с высоким потенциалом развития. Это заставит сотрудников и руководителей осознать важность экономии, даже если деятельность приносит высокую прибыль.

ОГРАНИЧЕНИЯ И РАСШИРЕНИЯ

ПРЕДВАРИТЕЛЬНЫЕ ДОПУЩЕНИЯ

Применение этой модели требует от пользователей принятия двух предварительных допущений:

- **Самофинансирование.** Матрица доли роста BCG пренебрегает возможностью внешнего финансирования компании. Она в основном использует модель жизненного
  цикла продукта, описанную выше, чтобы объяснить
  необходимость существования различных SBU на разных стадиях зрелости рынка, чтобы иметь возможность
  финансировать деятельность с наибольшим потенциалом. Возможность внешнего финансирования через
  долг или акционеров не учитывается.

- **Эффект опыта.** Эта матрица действительно актуальна
  только в том случае, если существует эффект опыта, бла-
  гоприятствующий лидеру рынка. В тех случаях, когда
  эффект опыта ограничен, компания-лидер на рынке не
  обязательно будет более прибыльной, чем ее последо-
  ватели, что ставит под сомнение обоснованность
  модели.

Важно всегда учитывать эти предположения, наблюдая за
рынком, прежде чем применять матрицу роста-доли BCG.
Действительно, плохой анализ рынка может подорвать

эффективность модели и заставить менеджера принимать неверные решения.

ОГРАНИЧЕНИЯ И КРИТИКА

Хотя матрица доли роста BCG считается полезным инструментом, который оказывает ценную помощь менеджерам, желающим контролировать свою разнообразную деятельность, тем не менее, она имеет ряд ограничений, о которых важно знать. Приведенные выше предположения являются ограничительными, но их легко проверить на практике. Кроме того, необходимо прояснить ряд моментов.

Неточная терминология

Некоторые из используемых терминов нелегко определить или выразить количественно. Действительно, в зависимости от характеристик рынка, одна и та же относительная доля рынка может казаться высокой или низкой. Более того, один и тот же рынок может определяться разными менеджерами по-разному, что усложняет расчеты. Поэтому результаты могут отличаться в зависимости от того, как определяется рынок.

Например, если компания продает ручки, должна ли она считать конкурентами продавцов карандашей и продавцов программного обеспечения для обработки текстов?

Менеджер часто склонен выбирать решение, которое подходит ему больше всего, рискуя получить в итоге дойную корову или собаку. Поэтому ответ, полученный с помощью рынка акций роста, обычно основан на субъективных критериях, характерных для менеджеров, что заставило критиков матрицы утверждать, что решению мешает влияние его пользователя.

Кроме того, разделение между квадрантами может варьироваться в зависимости от используемого справочного материала. Граница между вопросительным знаком и собакой иногда может казаться размытой.

Чрезмерное упрощение сложного мира

Хотя эта модель действительно дает хорошее общее представление о позиционировании каждого SBU, мы не можем быть уверены, что после распределения по категориям все виды деятельности будут автоматически следовать описанному выше пути. Не все собаки обречены на трагический конец, описанный выше, точно так же, как и дойные коровы не всегда являются постоянными источниками дохода. На самом деле, собака может быть вполне успешной, если реализуется стратегия дифференциации по отношению к лидеру, и может достичь прибыли за определенный период. Менеджер "дойной коровы" также может счесть деморализующим, если вся ее прибыль постоянно перераспределяется на непонятную и незнакомую деятельность. В этом случае не учитывается поведение сотрудников, что может привести к ошибкам в развитии, предсказанном матрицей роста-доли BCG. Наконец, некоторые синергетические эффекты могут привести к тому, что руководитель поймет, что деятельность, расположенную в квадранте "собаки", необходимо сохранить, поскольку она способствует развитию других видов деятельности.

Действие по результату

Поэтому очевидно, что выводы, сделанные на основе матрицы доли роста BCG, следует рассматривать скорее как руководство к действию, чем как четкую и ясную рекомендацию. Не рекомендуется строить всю политику исключительно на результатах поспешно примененной матрицы доли роста. Поскольку мир экономики сложен, прогнозы матрицы часто оказываются точными лишь частично. Поэтому результаты матрицы доли роста BCG следует анализировать и применять с осторожностью, чтобы избежать ошибок в суждениях, которые могут привести к краху СБУ. Например, от СБЕ в категории "собаки" не обязательно отказываться в пользу других, более прибыльных подразделений, поскольку оно может уже приносить пользу другим СБЕ, предоставляя им навыки, необходимые для желаемого развития.

СВЯЗАННЫЕ МОДЕЛИ И РАСШИРЕНИЯ

Существует ряд дополнительных матриц к модели "рост-доля", включая:

- Матрица GE компании McKinsey

- портфельной матрицы компании Ashridge.

Используя эти новые матрицы, менеджер может учитывать определенные факторы, связанные с привлекательностью рынка, которыми пренебрегает матрица "рост-доля". Это, в свою очередь, позволяет сформировать наилучший портфель бизнеса.

Матрица GE компании McKinsey

Эта матрица была разработана компанией McKinsey & Company, которая специализируется на стратегическом консалтинге. Цель фирмы, основанной в 1920 году Оскаром Джеймсом МакКинзи (1889-1937), — консультировать и помогать предприятиям процветать в неспокойной экономической обстановке. Имея офисы по всему миру, McKinsey & Company имеет прочную репутацию, основанную на сильных ценностях стратегического консалтинга.

Матрица, разработанная в 1970-х годах, связывает привлекательность рынка (ключевые факторы внешней среды) и конкурентные преимущества СБЕ (конкурентоспособность СБЕ на рынке).

Поэтому рассматриваемые здесь факторы несколько отличаются, поскольку они в большей степени сосредоточены на конкурентном преимуществе SBU, чем на его доле рынка. Это позволяет учесть преимущества, которые могут привести к хорошему имиджу бренда, передовым технологическим ресурсам и т.д. Кроме того, использование привлекательности рынка, а не темпов его роста позволяет учесть такие факторы, как наличие благоприятного законодательства. Таким образом, очевидно, что матрица GE является гораздо более сложным диагностическим инструментом, чем матрица доли роста BCG, поскольку она учитывает ряд факторов, которыми ранее пренебрегали.

Наконец, стоит отметить, что данная матрица предлагает нейтральные ситуации, позволяя менеджеру выбирать в соответствии со своими предпочтениями или обстоятельствами, которые он считает благоприятными или неблагоприятными для инвестирования.

Матрица портфеля Эшридж

Разработанная Майклом Гулдом и Эндрю Кэмпбеллом портфельная матрица Ashridge Portfolio Matrix предлагает новое видение управления портфелем, поскольку она подчеркивает способность руководства понимать СБЕ и действовать соответствующим образом. Действительно, если руководство не в состоянии понять потребности развития SBU, его инвестиции могут быть распределены неэффективно. Аналогично, если руководство не обладает навыками для повышения эффективности работы СБЕ, любые инвестиции будут бесполезны. Из этого наблюдения вытекают четыре вида деятельности:

- деятельность Heartland, которую руководитель понимает и способен действовать в соответствии с ней;

- Балласт деятельности, который руководитель понимает, но не обладает необходимыми навыками для улучшения;

- Деятельность в ловушке ценностей, когда общее руководство может повысить эффективность работы, но не всегда понимает причины;

- Чужие мероприятия, которые явно не подходят, поскольку менеджеры не понимают их смысла и не обладают навыками их разработки.

Такой подход позволяет пользователям сосредоточиться как на руководстве, так и на СБЕ, работу которого необходимо улучшить. Эта взаимосвязь ранее упускалась из виду теоретиками, которые фокусировались в основном на рынке и деятельности.

В заключение следует отметить, что объединение этих различных подходов может принести менеджеру только пользу. Включение конкурентных преимуществ, привлекательности рынка и взаимодействия между SBU и руководством улучшит способность менеджера анализировать распределение ресурсов между различными SBU.

ПРАКТИЧЕСКОЕ ПРИМЕНЕНИЕ

СОВЕТЫ И РЕКОМЕНДАЦИИ

Важность определения рынка

Как мы видели, определить рынок не всегда просто, и это может создать множество проблем для менеджера. Менеджер должен избегать:

* концентрация на слишком узком рынке, рискуя упустить из виду большое количество потенциальных конкурентов;

* нацеливаться на слишком большой рынок, так как это может привести к длительным, утомительным исследованиям, требующим больших затрат времени и денег.

Очень важно правильно определить рынок, поскольку от этого зависит общий анализ матрицы "рост-доля" BCG. Поэтому пользователям рекомендуется уделить время анализу рынка перед применением модели. Они должны без колебаний обращаться за помощью к специалистам по рынку, которые смогут дать им совет по наиболее оптимальному контуру с учетом ресурсов и времени, имеющихся в распоряжении менеджера.

Разделение SBU в матрице доли роста BCG

Для руководителя важно, чтобы SBU были представлены во всех квадрантах матрицы доли роста BCG. Они должны следить за тем, чтобы деятельность не была сосредоточена только в одном квадранте. Например, если в краткосрочной перспективе выгодно иметь только "дойных коров", то будущее в этом случае будет неопределенным. Кроме того, компания рискует показаться потребителям старой или устаревшей. Аналогично, менеджер, владеющий только вопросительными знаками, рискует быстро столкнуться с финансовыми проблемами и вскоре будет вынужден прекратить всякую деятельность. Распределение SBU по всем квадрантам модели "доля роста" рекомендуется для достижения баланса между стареющими, но прибыльными видами деятельности, и молодыми, высокопотенциальными видами деятельности, требующими постоянных и значительных инвестиций.

Предвидение эволюции СБУ

На данном этапе читатель может убедиться, что позиционирование стратегических видов деятельности на матрице роста-доли BCG – дело непростое. Многие трудности могут нарушить выбранное позиционирование и привести к быстрому упадку SBU. Более того, опытный менеджер, который учел все различные элементы и характеристики рынка, не может позволить себе ни минуты покоя, когда он правильно определил и разместил СБЕ на модели. Действительно, положение каждого вида деятельности в матрице доли роста BCG не является неизменным. Для каждого из представленных видов деятельности возможно несколько сценариев развития. Поэтому каждый вид деятельности должен быть детально изучен, чтобы дать компании наилучшие шансы на успех. Поэтому важно заполнить матрицу распределения доли роста BCG, в которой описаны различные возможные сценарии для каждого SBU. Для этого существуют различные возможные варианты, как показано на диаграмме ниже.

- **Инновационный путь.** Это соответствует прямому появлению SBU в верхнем левом квадранте звезды. Компания, которая реинвестирует полученную прибыль (в частности, от "дойных коров") в НИОКР (исследования и разработки), может рассчитывать на инновационный путь. Эти реинвестированные деньги позволяют появляться новым навыкам и ресурсам, что приведет к созданию нового SBU с конкурентными преимуществами перед конкурентами. Впоследствии, когда рынок достигнет зрелости, ожидается, что эти виды деятельности станут "дойными коровами", которые, в свою очередь, будут инвестировать в НИОКР.

- **Путь последователя.** Аналогичным образом, прибыль, полученная от "дойных коров", также может быть инвестирована в "вопросительные знаки", обладающие сильным потенциалом роста. С помощью этих инвестиций они могут развиваться и в конечном итоге занять лидирующие позиции на рынке.

- **Путь катастрофы.** Не все сценарии столь оптимистичны, как те, что были рассмотрены ранее. На самом деле, если деятельность в квадранте звезд не получает ожидаемых инвестиций, она может быстро оказаться в квадранте собак. Это также может произойти, если компания не сможет должным образом проанализировать ожидания потребителей и ключевые факторы успеха.

- **Путь посредственности.** Этот путь включает в себя те виды деятельности, которые попадают в квадрант вопросительных знаков и не развиваются в звезды. Эти виды деятельности в конечном итоге застаиваются между категориями "собака" и "вопросительный знак", что приводит к значительной трате денег на неудовлетворительные результаты.

Менеджер, желающий применить матрицу доли роста BCG, должен помнить о различных возможных сценариях и, таким образом, не концентрироваться только на положительных путях, по которым могут пойти СБЕ. Для достижения успеха необходимо разработать ответные меры на нежелательные сценарии, с которыми может столкнуться любая компания.

Дополнительное использование матриц управления портфелем

Хотя преимущества матрицы доли роста BCG очевидны, она также имеет некоторые ограничения. Одно из них заключается в том, что модель основана на чрезмерном упрощении и не учитывает всех характеристик рынка.

После появления матрицы роста-доли BCG другие модели также имели определенный успех у менеджеров в плане управления портфелем. К ним относятся матрица GE компании McKinsey и портфельная матрица Ashridge, которые помогают менеджеру углубить свои знания о рынке и его деятельности, а также получить дополнительное видение наилучших вариантов распределения средств.

ТЕМАТИЧЕСКОЕ ИССЛЕДОВАНИЕ

Возьмем пример всемирно известной компании, созданной в 1970-х годах. Она объединяет большое количество сфер деятельности из различных отраслей. Среди них, в частности, авиакомпании, железнодорожная компания, издательство и даже компания космического туризма. Компания является конгломератом, что означает, что она объединяет большое количество видов деятельности, которые не имеют очень четкой синергии между собой. Цель основателя компании заключалась в том, чтобы обеспечить рост компаний путем инвестирования средств и навыков. В 2012 году оборот группы составил около 13 миллиардов фунтов стерлингов, в ней работает около 50 000 человек по всему миру.

Этот случай чрезвычайно интересен при анализе в контексте матрицы доли роста BCG, поскольку он помогает нам понять, как одним SBU удается поддерживать другие, хотя между ними нет никакого сходства. Стратегия Ричарда Брэнсона заключается в том, чтобы помочь процветанию многих компаний путем выкупа и передачи навыков. Поэтому для успеха этой стратегии необходимы значительные средства. Для этого некоторые направления существующей деятельности должны помогать финансировать новые виды деятельности, которые, как считается, имеют определенный потенциал для использования.

На данном этапе, прежде чем объяснять модель, необходимо прояснить некоторые моменты, чтобы она была полностью понятна.

- Во-первых, не все виды деятельности компании представлены в модели, чтобы сделать ее более понятной для читателя. Представлены только некоторые из них.

- Далее, малое количество видов деятельности в квадранте "собака" объясняется тем, что группа хочет избежать сохранения деятельности в этой области. Более того, в отношении текущей деятельности трудно сказать, какие СБЕ в конечном итоге переместятся в этот квадрант.

- Наконец, как уже говорилось выше, матрица доли роста BCG – это инструмент, который должен регулярно обновляться, то есть результаты одного дня могут измениться на следующий день. Поэтому в ближайшие годы эта модель может быстро эволюционировать.

Прояснив эти моменты, мы можем перейти к применению матрицы роста-доли компании BCG:

- К числу SBU, которые уже зарекомендовали себя, относятся авиакомпании. Первая авиакомпания была основана в 1980-х годах. С тех пор она процветала и смогла расшириться: сегодня она достигла определенной зрелости. Возглавляя бренд компании, компания в основном благодаря этому заслужила репутацию безопасной и надежной, как в области авиации, так и в остальной своей продукции. Этот вид деятельности, являющийся прекрасным примером концепции "дойной коровы", позволяет компании привлечь значительный объем средств, которые используются не только для ее развития, но и для развития новых SBU с высоким потенциалом. Однако "дойные коровы" не вечны, поскольку, несмотря на то, что компания добилась хороших результатов с авиакомпанией, то же самое нельзя сказать о железнодорожной компании. После приватизации железнодорожной сети в Великобритании в 1990-х годах компания решила воспользоваться своей хорошей репутацией в сфере авиаперевозок и инвестировать значительные средства в этот новый рынок. Сильная конкуренция требует постоянных инвестиций и не позволяет перераспределять большую часть прибыли на новых рынках, что объясняет, почему железнодорожная компания переместилась в квадрант "собаки".

- Сферы развлечений и СМИ – это два вида деятельности компании, которые находятся в квадранте звезд матрицы роста-доли BCG:

  - Поскольку мир телекоммуникаций и Интернета постоянно развивается, сохранение места среди элиты является чрезвычайно выгодным, но это требует значительных инвестиций. Медиакомпания столкнулась с многочисленными финансовыми трудностями в этой области, чтобы сохранить свои позиции в различных странах мира. Во Франции одна из компаний группы была вынуждена подать заявление о банкротстве в 2013 году в результате скачивания (легального, но прежде всего нелегального) музыки в интернете.

  - Что касается развлечений, то группа очень активно работает в этом секторе. Различные источники дохода, включая доходы от музыки, обеспечивают комфортную финансовую безопасность. Однако проблемы в медиабизнесе распространяются и на мир развлечений.

- Кроме того, такая компания, как эта, основанная на покупке и развитии новых SBU с высоким потенциалом роста, должна иметь в своем портфеле ряд направлений деятельности, вызывающих вопросы. Относительно недавний интерес компании к финансам в настоящее время предполагает неопределенные перспективы на будущее, что особенно актуально в период глобального кризиса. Кроме того, такие компании, как предприятие по космическому туризму, не очень соответствуют современным реалиям, а именно снижению покупательной способности. Поэтому этот вид деятельности может одним из первых столкнуться с последствиями текущего кризиса.

- Наконец, даже если в квадранте "собака" нет ни одного вида деятельности, компания избавилась от некоторых видов деятельности, которые подходили бы под эту категорию. Компания, сосредоточенная на потенциале новых видов деятельности, всегда должна учитывать риски, присущие любым инвестициям.

В заключение следует подчеркнуть, что этой группе удалось найти хороший баланс между направлениями своей деятельности. Виды деятельности, которые хорошо себя зарекомендовали, предназначены для финансирования развития новых видов деятельности, которые, в свою очередь, если прогнозы окажутся верными, дадут средства для запуска новых проектов. Однако нелегко с уверенностью определить, по какому пути пойдут бизнес-направления с большим потенциалом, поскольку вливание средств в эти виды деятельности всегда сопряжено с большим элементом риска. Использование матрицы доли роста BCG позволяет руководителям получить ясность в выборе решений, касающихся приобретения, а также инвестирования и развития SBU.

РЕЗЮМЕ

- Матрица доли роста BCG – это инструмент для анализа бизнес-портфеля компании. Она была разработана Бостонской консалтинговой группой в 1960-х годах и до сих пор пользуется большой популярностью среди менеджеров.

- Эта матрица позволяет менеджерам понимать и наблюдать за относительной важностью видов деятельности в их портфеле.

- Он объединяет относительные рыночные доли компании по оси x и темпы роста рынка по вертикальной оси.

- В зависимости от ситуации в квадрантах звезд, дойных коров, вопросительных знаков и собак рекомендуется инвестировать в деятельность, поддерживать ее или избавиться от нее.

- Ряд допущений, таких как самофинансирование и эффект опыта, должны быть подтверждены, чтобы убедиться, что матрица работает правильно.

- Некоторая расплывчатость, упрощение терминов и субъективность менеджеров означают, что матрица иногда неточна и имеет определенные ограничения.

- Она является дополнительным инструментом к матрице GE компании McKinsey и портфельной матрице компании Ashridge. Его использование в одиночку, хотя и интересно, но не обязательно достаточно.

- Матрица должна постоянно обновляться с течением времени, особенно на быстрорастущих рынках.

- Развитие SBU с течением времени может привести к тому, что они будут идти разными путями в течение своего жизненного цикла.

- Пример конгломерата дает хорошее представление о работе матрицы доли роста BCG и помогает нам понять принцип, лежащий в основе финансирования новых SBU.

ДАЛЬНЕЙШЕЕ ЧТЕНИЕ

БИБЛИОГРАФИЯ

сайт *beCompta*: http://www.becompta.be

Сайт *Boston Consulting Group*: http://www.bcg.com/

Deppe, A. (Без даты) Séquence 4 : La démarche stratégique à l'international. *Marketing International.* [Online]. [Accessed 6 May 2014]. Available from: < http://foad.refer.org/IMG/pdf/Sequence_4-2.pdf>.

Giboin, B. (2012) *La boîte à outils de la stratégie*. Paris: Dunod.

Джонсон, Г., Скоулз, К., Уиттингтон, Р. и Фрери, Ф. (2008) *Стратегия.* [8-е издание]. Париж: Pearson Education.

Lambin, J. -J. and de Moerloose, C. (2008) *Marketing stratégique et opérationnel. Du marketing à l'orientation de marché.* [7-е издание]. Париж: Dunod.

Лендреви, Ж. и Леви, Ж. (2013) *Mercator 2013. Théorie et nouvelles pratiques du marketing.* [10-е издание]. Париж: Dunod.

Marchesnay, M. (1993) *Management stratégique*. Париж: Eyrolles. pp. 5-6.

Веб-сайт *McKinsey*: http://www.mckinsey.com/

Saïas, M. and Métais, E. (2001) *Stratégie d'entreprise : évolution de la pensée. Финансы. Contrôle. Stratégie.* 4(1), pp. 183-213.

Сайт *стратегического маркетинга*: http://www.marketing-strategique.com/

Веб-сайт *Virgin*: http://www.virgin.com/

ДОПОЛНИТЕЛЬНЫЕ ИСТОЧНИКИ

Армстронг, Дж. С. и Броди, Р. Дж. (1994) Влияние методов планирования портфеля на принятие решений: Экспериментальные результаты. *Международный журнал исследований в области маркетинга.* 11(1), pp. 73-84.

Флейшер, К. С. и Бенсуссан, Б. Е. (2003) *Стратегический и конкурентный анализ: Methods and Techniques for Analyzing Business Competition.* Upper Saddle River: Prentice Hall.

Хэмбрик, Д. К., Макмиллан, И. К. и Дэй, Д. Л. (1982) Стратегические атрибуты и эффективность в матрице БКГ. Анализ бизнеса промышленных товаров на основе PIMS. *Журнал Академии менеджмента.* 25(3).

IMPROVE YOUR GENERAL KNOWLEDGE

IN THE BLINK OF AN EYE!

Мастер ISBN: 9782808601511

Бумажный ISBN: 9782808602969

Легальный депозит: D/2022/12603/297

Цифровое оформление: Primento,

цифровой партнер издателей.